AF563011

PRIÈRES ET ALLOCUTION

PRONONCÉES

A L'OCCASION DE LA FÊTE DE L'EMPEREUR,

DANS LE TEMPLE D'ANDUZE,

PAR

J. P. HUGUES, PASTEUR-PRÉSIDENT.

ALAIS,

IMPRIMERIE DE J. MARTIN,

1863

PRIÈRE

PRONONCÉE EN ENTRANT DANS LE TEMPLE.

Être des êtres, souverain monarque de la terre et des Cieux, Roi des rois, Éternel, notre Dieu! La majesté et la magnificence marchent devant toi; l'Excellence et la Force sont dans ton sanctuaire; la Justice et le Jugement sont à la base de ton trône. De Toi émanent toutes choses : c'est le souffle de ta bouche qui fit sortir l'univers du chaos. C'est ta main qui creusa les abîmes des océans, qui arrondit les sommets des montagnes, qui créa les myriades d'êtres divers dont les cieux, la terre et la mer sont peuplés. C'est toi, enfin, ô notre Père céleste, qui nous as formés à ton image et à ta ressemblance, qui veilles sur nous comme une mère veille sur son enfant, qui, dans le règne de la nature, comme dans celui de la grâce, nous combles de biens infinis. Aussi, grand Dieu, tous les jours de notre vie, nous devons proclamer que tu es pour nous la source de toute bénédiction et de tout don parfait!

Mais en ce jour solennel, qu'il nous soit permis de reconnaître les grâces que tu accordes à notre patrie. Ce Prince si sage dans ses conseils, si ferme dans ses résolutions, si consommé dans sa sagesse, si habile à manier les rênes de l'État, c'est toi qui l'as pris par la main et qui l'as fait asseoir sur le trône de la France.

Cette paix profonde dont nous jouissons à l'intérieur, c'est toi, Seigneur, le Prince de la paix, qui l'as fait descendre sur notre peuple! Ces découvertes merveilleuses qui nous confondent, ces progrès dans les sciences et dans les arts qui se succèdent journellement, c'est toi, Seigneur, qui les as facilités, en dévoilant quelques-uns des secrets de la nature au génie investigateur des hommes. Aussi, ô notre Dieu, lorsque le désir de notre Auguste Souverain a été qu'en ce jour nous te priions particulièrement pour la patrie et pour lui, nous sommes venus avec empressement dans ton sanctuaire nous jeter aux pieds de ton trône de grâce, et nous sommes heureux de nous y trouver avec la France entière. O notre Dieu, agrée les hommages que nous t'offrons, quelle qu'en soit l'insuffisance! Que nos prières montent vers Toi, comme un parfum de bonne odeur, et en retombent en rosée de bénédictions! Que nos cantiques d'allégresse aillent se confondre avec ceux de l'armée céleste, et forment ainsi, de la terre au ciel, un hosanna à ta gloire! Que la méditation de ta Parole entretienne en nous l'amour dû à notre patrie et à notre Empereur. Que ce jour, enfin, ô notre Dieu, soit compté au nombre de ceux où tu t'approches le plus de nous par ton Saint-Esprit, où nous nous approchons le plus de toi par la prière, la reconnaissance, l'adoration et la foi en Jésus-Christ notre divin Sauveur. Ainsi soit-il.

ALLOCUTION

EN FORME DE PARAPHRASE DU PSAUME 72me.

TEXTE.

V. 1. Pour Salomon :
O Dieu, donne tes jugements au Roi, et ta justice au fils
du Roi.
2. Qu'il juge ton peuple avec justice, et avec équité ceux
qui seront affligés ;
3. Que les montagnes produisent la paix pour le peuple
et les coteaux la justice ;
4. Qu'il fasse droit aux affligés d'entre le peuple ; qu'il
délivre les enfants du misérable, et qu'il humilie l'oppres-
seur.
5. Ils te craindront tant que la lune et le soleil dureront
dans tous les âges.
6. Il descendra comme la pluie sur le regain, et comme
la menue pluie sur le regain de la terre.
7. Le juste fleurira en son temps, et il y aura une abondance de paix, jusqu'à ce qu'il n'y ait plus de lune.
8. Il dominera depuis une mer jusqu'à l'autre, et depuis
le fleuve jusqu'aux extrémités de la terre.

9. Les habitants du désert se prosterneront devant lui et ses ennemis lècheront la poussière.

10. Les rois de Tharsis et des îles lui présenteront des dons; les rois de Scheba et de Séba lui apporteront des présents;

11. Tous les rois aussi se prosterneront devant lui, tous les peuples le serviront;

12. Car il délivrera la misérable qui criera à lui, l'affligé et celui qui n'a personne qui l'aide.

13. Il aura compassion du pauvre, du misérable, et il sauvera les âmes des malheureux;

14. Il garantira leur âme de la fraude, de la violence, et leur sang sera précieux devant leurs yeux.

15. Il vivra donc et on lui donnera de l'or de Scheba, et on priera pour lui continuellement, et on le bénira chaque jour.

16. Une poignée de froment étant semée en la terre, au sommet des montagnes, le fruit qu'elle produira fera du bruit comme le Liban, et les hommes fleuriront dans les villes comme l'herbe de la terre.

17. Sa renommée durera à toujours, sa réputation ira de père en fils, tant que le soleil durera, et on sera béni en lui; toutes les nations le publieront bienheureux.

18. Béni soit l'éternel Dieu, le Dieu d'Israël qui fait des choses merveilleuses;

19. Béni soit aussi éternellement le nom de sa gloire, et que toute la terre soit remplie de sa gloire! Amen; oui, Amen.

20. Ce sont ici les dernières requêtes de David fils d'Isaï.

I.

Les paroles ou plutôt les chants dont je viens de vous faire entendre la lecture sont l'expression fidèle des vœux ardents, des espérances enthousiastes qui remplissaient le cœur de David à l'égard de son fils Salomon. Que désirait le roi-prophète pour cet enfant qu'il chérissait avec une si vive tendresse et auquel il destinait son trône?

Qu'il se montrât équitable, bienveillant, miséricordieux envers les pauvres, les opprimés, les victimes de l'injustice, de la haine, de la méchanceté;

Qu'il réprimât les complots des méchants en humiliant les oppresseurs;

Qu'il encourageât et fît prospérer tout ce qui est bien, semblable à la pluie qui descend sur le regain.

Nobles vœux: s'ils se réalisent, si Salomon sur le trône est tel que David son père le souhaite, il verra l'abondance et la prospérité régner au milieu de son peuple, une seule poignée de froment étant semée en terre, au sommet même des montagnes, le fruit qu'elle produira fera du bruit comme le Liban; alors le bien-être deviendra général, toutes les sources de la richesse publique (l'agriculture, l'industrie, le commerce) seront ouvertes et couleront à plein bord.

Salomon verra son autorité s'accroître, grandir au point de s'étendre « depuis une mer jusqu'à l'autre, depuis le fleuve du Jourdain jusqu'aux extrémités de la terre. »

Il inspirera un tel respect aux étrangers que « les habitants du désert se prosterneront devant lui, et il jettera dans le cœur de ses ennemis une terreur telle qu'ils lui lècheront les pieds. »

Salomon verra son alliance recherchée au point que « les rois de Tharsis et des îles lui présenteront des dons, les rois de Scheba et de Séba lui apporteront des présents. »

« Il vivra. » Le fer des assassins ne se lèvera pas sur lui, et si quelque forcené cherche à le frapper, la main de l'Eternel le couvrira de son égide impénétrable.

Il jouira d'immenses richesses dont il pourra disposer à son gré, car on lui donnera « de l'or de Scheba. »

Il inspirera un tel amour à son peuple; ses jours seront d'un tel prix pour tous qu'on « priera pour lui continuellement et qu'on le bénira chaque jour. »

Le nombre de ses sujets ira sans cesse en croissant, sous l'influence bénie de son empire tutélaire, aussi « les hommes fleuriront dans les villes comme l'herbe de la terre! » Oh! qu'il ne craigne point que son nom tombe dans l'oubli, que sa mémoire s'efface du souvenir des enfants de son peuple; au contraire, « sa renommée durera toujours, sa réputation ira de père en fils tant que le soleil durera. »

Mais cette prospérité, ainsi que toutes les vertus dont elle sera la récompense, lui viendront de Dieu; « Que l'Eternel soit donc béni, le Dieu d'Israël qui fait des choses si merveilleuses! Que le nom de sa gloire soit aussi béni éternellement, que toute la terre soit remplie de sa gloire. »

Ainsi priait David, ainsi il prophétisait, ainsi il révélait les destinées futures de son fils, appelé par lui-même à tenir en main le sceptre de Juda.

Il souhaitait que Salomon fût animé de l'esprit de justice. Car ce même esprit lui avait dit « que la justice élève et les nations et les princes. » Il demandait à Dieu que son fils fût rempli de la crainte de l'Eternel, car il lui avait été révélé et il le savait par sa propre expérience « que la piété a les promesses de la vie présente, aussi bien que celles de la vie à venir, » et que nous devons rechercher avant tout le royaume de Dieu et sa justice; parce que toutes choses nous seront ensuite données par-dessus.

II.

Ces maximes de la sagesse divine sont professées par le Prince auguste qui nous gouverne. Avant même de monter sur le trône, il s'était bien vite aperçu qu'il ne pouvait régner que par la justice, et que son autorité ne saurait avoir de la durée qu'à la condition d'être sanctionnée par la religion... La religion non-seulement pour les autres, mais surtout pour lui-même. Il désire que l'Eternel soit le roi de son peuple, et il lui demande de le diriger, de le soutenir et de le protéger.

Pourquoi, mes Frères, sommes-nous réunis en ce jour dans le sanctuaire de l'Eternel? Parce que le Chef de l'empire nous y a convoqués. Et pourquoi nous y a-t-il appelés? Parce qu'il espérait que nos prières s'associant aux siennes ferait descendre sur lui une plus ample mesure de l'Esprit divin, de cet esprit qui a toujours éclairé sa sagesse, raffermi sa bonne volonté, réchauffé son cœur pour les infortunés. Oui, mes Frères, notre Souverain est équitable, compâtissant à toutes les misères, désireux de tous les progrès. Il est l'ennemi des méchants, le protecteur des justes! Voyez aussi comme il recueille les fruits de cette sagesse, de cette droiture, de cette fermeté, de cette justice, de cette charité qui lui viennent de Dieu, et dont il demande à Dieu l'affermissement.

Son autorité s'étend, son trône se consolide, les partis politiques se taisent, s'affaiblissent; ses ennemis partout sont humiliés; les Arabes du désert de l'Afrique implorent l'aman en se prosternant aux pieds de ses généraux.

Les rois qui l'avaient vu monter sur le trône avec des préventions défavorables, s'honorent de son amitié et recherchent son alliance. Sa vie est sauve, quoiqu'il paraisse l'offrir en quelque sorte au fer des assassins. On voit que la main de Dieu détourne de son corps les coups dirigés contre lui. Il vit et il vivra longtemps parce que Dieu le protége et le garde.

Si l'or de ses sujets lui est nécessaire pour réaliser les grandes entreprises dont sa haute intelligence a conçu le projet, on lui en offre avec une telle abondance qu'il est obligé d'en refuser la plus grande partie en disant : c'est assez, c'est assez.

L'abondance règne au sein de notre patrie; la terre semble vouloir s'associer aux hommages prodigués à notre souverain, en devenant de plus en plus féconde et en multipliant ses fruits.

Mais aussi son nom restera dans la mémoire des hommes : il sera immortel, d'autant plus que déjà il était illustre entre tous par celui qui le porta le premier. Oui, mes Frères, les merveilles que le premier Empereur accomplit dans la guerre et dans la paix sont autant de monuments éternels appelés à perpétuer le nom glorieux de Napoléon. Et cet héritage de gloire du chef de la dynastie napoléonienne qui semblait devoir écraser son héritier, celui-ci le porte sans fléchir sous le poids; Napoléon III soutiendra la renommée sans pareille de Napoléon Ier. Et cependant nous ne sommes qu'au début d'un règne qui commence; que sera-ce lorsque les plans conçus par la haute sagesse du chef de l'Etat auront reçu leur accomplissement.

Ah! nous sommes appelés à voir de grandes choses. Mais pour que nous puissions en jouir bientôt et longtemps, demandons à Dieu qu'il continue à veiller sur les jours de notre Souverain; qu'il lui maintienne ses bénédictions et le trésor de ses grâces. Que la France devienne un peuple de croyants; que les bonnes mœurs règnent; que l'incrédulité cesse; que tous les cœurs ressentent ce qu'éprouvait David, et que toutes les bouches, après avoir adressé à Dieu les vœux de David, les termine par ces paroles du roi-prophète : Béni soit l'Éternel Dieu; le Dieu de la France, qui fait seul des choses merveilleuses. Béni soit éternellement le nom de sa gloire, et que toute la terre soit remplie de sa gloire! Amen.

PRIÈRE

APRÈS LE CHANT DU TE DEUM.

O notre Dieu et notre bon Père! nous voici encore à tes pieds, et malgré notre indignité nous élevons nos mains suppliantes vers toi. Seigneur Dieu, au nom de Jésus-Christ ton fils, nous implorons tes bénédictions et ta grâce salutaire à tous les hommes.

Nous t'implorons d'abord pour notre auguste Souverain, Napoléon III. Grand Dieu, puisque c'est de toi que viennent les puissances qui subsistent, puisque c'est par toi que les rois règnent et qu'ils administrent la justice, oh! nous t'en conjurons, étends tes mains protectrices sur la personne sacrée du Chef de l'État. Veille sur lui comme une mère veille sur son enfant; éloigne de sa personne auguste tous les périls qui menaceraient et son sceptre et sa vie! Qu'il occupe pendant de longues années ce trône sur lequel les vœux unanimes de la France l'ont appelé! Qu'il y déploie la profonde sagesse dont il t'a plu de l'orner! Qu'il continue à être l'appui du faible, la terreur du méchant, l'ami des sciences et des arts, l'instigateur des découvertes utiles, le protecteur de l'industrie, de l'agriculture et du commerce, le restaurateur de l'ordre social, le champion de l'honneur national, l'appui de la religion, le disciple de plus en plus fervent de Jésus-Christ ton fils! Qu'il continue à faire revivre dans ses actes, dans ses paroles, l'homme grand entre tous dont il porte le nom illustre et dont il est le digne héritier!

Oh! mon Dieu! nous ne pouvons te prier pour l'Empereur sans te recommander dans nos prières Celle dont il a ceint le front du diadème impérial! Oh! mon Dieu! bénis notre Impératrice, bénis-la pour le peuple Français qui voit en elle son génie bienfaisant; bénis-la pour son auguste époux dont elle partage et les soucis et les joies. Bénis-la pour les pauvres qui trouvent en elle une infatigable protectrice! Que son âme sensible épanche sans cesse ses trésors d'amour et sur son peuple, et sur son époux, et sur les infortunés!

Nous appelons tes bénédictions sur les ministres de Sa Majesté Impériale et sur les deux grands Corps de l'État qui sont chargés de nous donner des lois et de maintenir nos institutions nationales. Couvre-les de ton esprit de lumière et de paix, écarte de leur délibération ces passions personnelles, ces erreurs fatales qui laissent de si longues traces et dont les peuples ont tant à souffrir!

Nous invoquons tes bénédictions sur les magistrats de tous les ordres qui aident l'Empereur dans l'administration de son Empire, nous te prions plus particulièrement pour ceux que nous voyons de plus près, les magistrats placés à la tête de notre département et de notre ville. Bénis les efforts de leur zèle, les vues de leur sagesse, et qu'ils concourent aux applaudissements mérités de tous, au maintien de l'ordre, à la paix publique et à la prospérité générale.

Mais la prospérité publique n'est possible, ô notre Dieu, qu'avec le maintien et la consolidation de la paix, et la paix au dehors a été troublée par les injustes aggressions d'un potentat ambitieux. Seigneur, il a fallu que la France, qui respirait heureuse dans le calme de la paix, se levât pour entreprendre avec un peuple allié une guerre lointaine...

O notre Dieu, puisque la guerre a été entreprise par nous, afin de défendre le faible contre les attaques injustes du puissant et du fort, accompagne nos héroïques soldats qui sont allés au loin apporter l'appui de leur vaillance et de leur courage. Protége-les contre les inclémences d'un ciel étranger, contre les fatigues des longues marches, contre les privations, les maladies, contre les attaques et le fer des ennemis. Que leurs armes obtiennent au plus tôt les triomphes dont leur valeur est digne et auxquels la confiance universelle applaudit à l'avance. Qu'ils reviennent bientôt au sein de leur patrie ceints de lauriers, et apportant avec eux l'olivier de la paix.

Nous te prions enfin, notre Dieu, pour les progrès de la foi chrétienne, pour l'avancement du règne de ton Fils, pour cette religion céleste que tu as donnée dans ton amour comme la voie unique qui puisse conduire à toi. Que toute âme vivante voit en Jésus-Christ son Sauveur, et dans son Évangile la source de la vérité. Que l'influence bénie de ta sainte parole fasse cesser toutes les préventions, renverse toutes les barrières et réunisse tous les peuples dans un sentiment commun de paix, de fraternité, de foi et d'adoration envers Toi, notre Père, envers Jésus-Christ ton Fils et envers Saint-Esprit. Amen.

J. MARTIN, IMPRIMEUR A ALAIS.

www.ingramcontent.com/pod-product-compliance
Lightning Source LLC
LaVergne TN
LVHW010318230826
846091LV00009B/3730
9782011781819